# 电网企业领导干部和涉密人员保密知识手册

国网浙江省电力有限公司　组编

中国电力出版社

CHINA ELECTRIC POWER PRESS

# 内 容 提 要

本书介绍了新时期保密工作形势下，电网企业领导干部和涉密人员需要了解和掌握的保密基础知识、管理规范，突出指导性、规范性和通用性。对保密管理工作的重要性、原则要求、常见问题等进行了分析，还遴选了近年来的典型案例作为警示教育并加以剖析点评，以利于读者学习、借鉴。

本书图文并茂，实用性强，可作为电网企业领导干部和涉密人员做好保密管理工作的实务指导书。

**图书在版编目（CIP）数据**

电网企业领导干部和涉密人员保密知识手册 / 国网浙江省电力有限公司组编 .— 北京 : 中国电力出版社 ,2019.5

　ISBN 978-7-5198-2896-7

　Ⅰ . ①电… Ⅱ . ①国… Ⅲ . ①电力工业－工业企业管理－保密－中国－手册 Ⅳ . ① F426.616-62 ② D922.14-62

中国版本图书馆 CIP 数据核字 (2019) 第 006456 号

出版发行 : 中国电力出版社
地　　址 : 北京市东城区北京站西街 19 号（邮政编码 100005）
网　　址 : http://www.cepp.sgcc.com.cn
责任编辑 : 刘丽平（010-63412342）
责任校对 : 黄　蓓　太兴华
装帧设计 : 张俊霞
责任印制 : 石　雷

印　　刷 : 北京瑞禾彩色印刷有限公司
版　　次 : 2019 年 5 月第一版
印　　次 : 2019 年 5 月北京第一次印刷
开　　本 : 787 毫米 ×1092 毫米　32 开本
印　　张 : 3.125
字　　数 : 54 千字
印　　数 : 0001—9000 册
定　　价 : 20.00 元

# 编委会

**主　任**　赵光静

**副主任**　于利军　王清理　朱金华　斯建东

**成　员**　张　航　刘艳珂　祁晓岚　梁帅伟

　　　　　王　岩　徐军岳　罗　勇　江姜成

　　　　　张继伟　宋　勤

# 编写组

**组　长**　金　菲

**副组长**　苏佳宁　王　萱

**成　员**　张　屏　陈依平　盛献飞　林　烨

　　　　　程　珊　李　萍　李康宁

党的十九大报告强调，统筹发展和安全，增强忧患意识，做到居安思危，是我们党治国理政的一个重大原则。国家安全是安邦定国的重要基石，保密工作是维护国家安全和利益的重要手段。

近年来，国家先后修订和出台了《保密法》《反间谍法》《国家安全法》《网络安全法》《情报法》等法律法规，国家电网有限公司也印发了《保密工作管理办法》《保护商业秘密规定》《员工保密守则》《涉密办公自动化设备保密管理规定》等规章制度，这些法律法规和制度的出台为做好国家安全和保密工作提供了有力保障。但是，如何快速精准地向全体员工传递保密知识和工作要求，使保密知识入脑入心是摆在所有保密工作者面前的一项重要课题，做好保密宣传教育成为保密工作的重中之重。

2018 年是我国改革开放 40 周年，同时也是《保密法》颁布实施 30 周年。国网浙江省电力有限公司以此为契机，以《国家电网公司保密工作"十三五"规划》《浙江省"七五"保密法治宣传教育规划》为引领，深入开展保密宣传教育活动体系化建设，保密宣传教育工作从点到面、从单一到多样、从粗犷到细致，取得了丰硕的成果。探索开展分层分类保密教育，按照不同岗位人员，组织编写了 4 类标准课件和 25 个微课件，形成了一套脉络清晰、知识点全面的教育体系。通过对该教育体系成果的再提炼、再转化、再应用，形成了《电网企业领导干部和涉密人员保密知识手册》和《电网企业员工保密知识手册》。这两本手册依照最新修订的国家保密法律法规和国家电网有限公司保密规章制度，系统介绍了保密工作的基础知识，梳理细化不同人员类别的保密管理要求，针对知识重点引入相关案例，具有较强的针对性和指导性。

希望这两本手册能够对公司系统各单位开展保密教育工作有所帮助，同时也希望广大干部群众，特别是涉密人员，能够通过对手册的学习更深入地了解保密工作，增长保密知识，掌握保密技能，更好地履行保守国家秘密和企业秘密的责任和义务。

手册的编写工作得到了国家电网有限公司、浙江省国家保密局的大力支持和帮助，在此一并表示感谢！限于编者水平，书中若有疏漏之处，敬请各位读者批评指正。

编者
2019 年 4 月

# Contents
# 目 录

## 前言

## 上篇　领导干部保密知识

# 第三章　领导干部保密行为规范

## 下篇　涉密人员保密知识

## 第四章　涉密人员的概念、确定和分类

## 第五章　涉密人员的权利、义务和责任

# 第六章　涉密人员的岗位管理

# 第七章　涉密人员的工作规范

# 领导干部保密知识

　　保密工作是维护国家安全和社会主义制度，维护国家综合国力竞争优势，维护改革发展和稳定大局的重要手段。中央企业在国民经济中具有特殊地位和作用，它不仅经常接触和处理有关国家秘密，而且会产生和处理大量经济数据和商业秘密，成为境内外窃密的重点对象。领导干部肩负着领导、管理保密工作的重任，从某种角度来说，懂不懂保密、会不会保密、能不能抓好保密，直接体现一个领导干部的政治责任感、政治敏锐性和行政领导力、执行力以及风险管控能力，是衡量领导干部能力水平的一个重要指标。领导干部要带头强化保密意识，牢固树立保密就是保国家安全、保企业利益、保家庭幸福、保个人前途的观念，筑牢思想防线。

# 第一章
## 领导干部保密管理职责

实践证明，一个单位保密工作好坏与本单位领导人员是否带头履行领导责任、是否重视支持保密工作直接相关。"业务工作谁主管，保密工作谁负责"，这是国家电网有限公司（以下简称国网公司）保密工作的原则，也是对领导干部保密管理职责最生动的概括，做好保密工作是领导干部应尽的责任和义务。每个领导干部都应切实履行保密领导责任，推动保密委员会发挥作用，自觉遵守保密法律法规，健全和完善保密组织机构，落实保密防护措施，开展保密宣传教育，加强保密监督检查，确保国家秘密和企业秘密安全。

### 一、主要领导的保密管理职责

主要领导对本单位保密工作负全面领导责任，应当重视、关心和支持保密工作，带头执行保密工作方针政策和规定，定期听取保密工作汇报，及时研究解决保密工作中的重大问题，为保密工作顺利开展提供人力、财力、物力保障。其主要职责有：

（1）认真贯彻落实党和国家、保密行政管理部门及公司关于保密工作的方针、政策、指示、决定及工作安排部署。

（2）督促本单位各级领导人员遵守党和国家的保密法律、法规和规章。

（3）听取本单位保密工作汇报，提出工作要求。召集领导班子成员分析、研究保密工作，协调、解决存在的实际问题。健全完善本单位保密委员会并发挥其作用。选配政治素质好、业务能力强的人员负责本单位的日常保密管理工作。

（4）履行法定定密责任人职责，负责公司工作中涉及的国家秘密的确定、变更和解除工作，熟练掌握定密知识和技能。

（5）抓好本单位领导人员保密责任制和保密责任追究制的落实工作，每年组织领导干部进行一次遵守保密纪律和履行保密工作责任情况的自查，总结好的经验和做法，并针对存在的问题提出整改意见。

（6）对本单位领导班子成员执行保密纪律、遵守保密法规和保密制度的情况进行监督检查。

## 二、分管保密工作领导的保密管理职责

分管保密工作的领导对本单位保密工作负有直接领导责任，应结合工作实际，提出贯彻执行上级对保密工作要求的具体意见和措施，指导协调和监督检查本单位的保密工作，及时解决保密工作中的困难和问题。其主要职责有：

（1）严格贯彻执行党和国家关于保密工作的方针、政策和法规，认真落实保密行政管理部门及公司关于保密工作的部署，结合实际，建立健全本单位保密工作机制。

（2）定期分析本单位保密工作情况，指导、协调和督促保密工作；负责报告本单位保密工作情况，提出需要解决的问题和对策。

（3）注重发挥本单位保密委员会成员的作用，抓好本单位保密工作制度的落实和检查，研究、解决保密工作中存在的实际问题，及时上报并协助有关部门查处泄密事件。

（4）定期组织本单位开展保密宣传教育，不断提高全员保密意识。

（5）组织定密工作，审核确定本单位保密要害部门、部位和涉密人员。抓好保密要害部门、部位和涉密人员的管理工作。

（6）组织完善本单位涉密信息管理机制，抓好涉密计算机、涉密移动存储介质等涉密办公自动化设备的保密管理。

（7）抓好本单位重要涉密活动、会议的保密工作，组织制定保密方案，提前采取保密措施。

（8）重视保密队伍建设，支持、指导保密工作人员积极开展工作。

## 三、分管其他工作领导的保密管理职责

其他领导对分管工作范围内的保密工作承担分管领导责任，应做好业务工作范围内的保密管理工作，制定保密管理措施，加强保密监督检查，保证各项保密制度落实到位。其主要职责有：

（1）将保密工作纳入分管业务工作中，在研究、安排分管业务工作过程中涉及各类涉密事项时，要同时对保密工作做出部署，提出要求，明确责任，督促落实。

（2）负责所分管部门人员的保密教育和管理工作。

（3）定期向本单位主要领导和保密委员会汇报分管业务范围内的重要涉密情况和保密工作情况，提出需要解决的问题和对策。

（4）负责审定分管业务范围内产生的各类涉密事项，并及时上报本单位保密委员会，防止遗漏或定密不当。

（5）建立和完善分管业务范围内涉及的保密制度，加强保密要害部门、部位和涉密计算机、涉密移动存储介质等涉密办公设备的保密管理。

（6）负责对涉密通信和办公设备采取保密技术防范措施，防止发生泄密事件。

（7）协助本单位保密委员会和有关部门调查分管业务范围内的泄密事件。

（8）负责确定企业秘密密级、保密期限和知悉范围。企业秘密变更，由承办人提出具体意见，经本单位分管领导审核批准。

## 四、内设机构负责人的保密管理职责

内设机构负责人对本部门的保密工作负全面领导责任，应当重视、关心和支持保密工作，带头执行保密工作方针政策和规定，做好业务工作范围内的保密管理工作，加强保密教育，保证各项保密制度落实到位。其主要职责有：

（1）落实本单位保密委员会的工作部署。

（2）负责本部门保密工作的管理、监督、检查与考核。

（3）与本部门员工签订保密工作承诺书。

（4）组织开展保密宣传教育、监督检查与考核。

（5）发现泄密隐患并及时整改。

（6）确定本部门涉密岗位和人员，对员工进行经常性保密教育。

（7）负责本部门对外提供资料的保密审查工作。

（8）审核本部门产生的涉密事项及范围。

（9）及时报告本部门失泄密事件，并配合公司保密办进行查处。

（10）确定政治可靠、综合素质好、保密观念强、认真负责的同志担任保密工作联络员，具体负责本部门日常保密工作。

（11）监督本部门涉密人员变动离职时做好相关移交手续。

⚙【案例一】2013年10月，某研究所科研生产处调度岳某因无法按期完成某军工产品鉴定审查会的会议材料准备工作，在请示项目主管李某同意后，委托会务人员赵某开车前往不具备保密条件的文印店复制相关涉密资料。李某对复制提出了保密要求，赵某进行了全程监督。2014年3月，该所质量技术处副处长徐某因同样原因，在经项目主管陈某同意后，再次前往上述文印店复制涉密材料。陈某对复制提出了保密要求，徐某及质量技术处工作人员樊某进行了全程监督。两次复制未造成泄密后果。

事件发生后，有关部门给予陈某、徐某党内严重警告处分，并处经济处罚；给予李某党内警告处分，并处经济处罚；对该所所长、保密委员会主任姜某，党委书记申某，以及岳某、赵某、樊某等进行通报批评，并处经济处罚。

🔍 **分析：**

　　一个部门或单位保密工作出问题，往往是由于领导干部保密意识淡薄，保密防范能力不足所致。保密工作是一项专业性、技术性很强的工作，如果对保密常识不懂不会，就会"无知无畏"，无意识中就犯糊涂错，吃糊涂亏。

📋 **对策：**

　　（1）涉密载体原则上不允许复制。确因工作需要复制，应履行相关的审批手续。

　　（2）复制涉密载体，应在机关、单位内部或在保密行政管理部门审查批准的定点单位进行。委托具有涉密资质的企业、事业单位从事涉密载体复制时，应当与其签订保密协议，并提出保密要求，采取保密措施。

⚙ 【案例二】2017 年 10 月，某县司法局从机要局领取 4 份涉密电报后，交给跟班学习的刘某。因当时为"十一"长假期间，刘某便将 4 份文件拍照后发至司法局工作微信群，并请示局长何某如何处理，何某在群里说电报内容不是很清楚，让刘某把文件内容发到群里告知大家。随后刘某将文件内容全文拍照后上传至群中，造成失泄密。

🔍 分析：

本案是属于领导干部要求、安排或指令当事人违规利用微信发送涉密信息的情形，反映出个别领导干部保密意识不强、保密常识匮乏。

📋 **对策:**

（1）严禁通过互联网传输涉密信息。信息内网不得传输国家秘密事项，信息外网不得传输国家秘密事项、企业秘密事项。

（2）因工作需要组建的微信群、QQ 群仅限用于一般工作事务联络、简单事项沟通，严禁发送、讨论涉及国家秘密、企业秘密的信息和内容。群主是保密第一责任人，应切实做好人员增减、保密提醒、保密纪律执行情况监督、群变更信息报备和应急处置等工作。

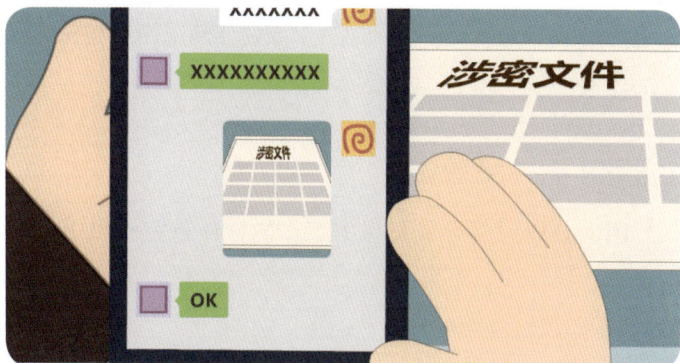

# 第二章

## 领导干部保密责任追究

为进一步加强保密工作组织领导，落实保密工作领导责任制，国网公司制定了《国家电网公司领导人员保密工作责任追究管理办法》，对公司各级单位领导人员没有履行或没有正确履行保守国家秘密和公司企业秘密（含商业秘密和工作秘密）的领导职责追究相关责任，并给予相应的处理。根据《国家电网公司领导人员保密工作责任追究管理办法》，领导人员保密工作责任追究，遵循"谁主管，谁负责"、教育与惩处相结合的原则。公司保密委员会负责领导人员保密工作责任追究的组织、指导、管理和监督，受到保密工作责任追究的领导人员，不得参加当年或处分期限内各类先进个人的评选。

### 一、责任追究方式

国网公司对领导人员保密工作的责任追究有以下四种方式：

（1）诫勉谈话。

（2）通报批评。

（3）党纪、政纪处分。

（4）造成严重后果的由司法机关依法追究法律责任，并视情况按保密协议追究经济赔偿责任。

| 诫勉谈话 | 通报批评 | 党纪、政纪处分 | 追究法律责任、经济赔偿责任 |

## 二、 责任追究程序

对领导人员实行保密工作责任追究，由本单位保密委员会办公室提出意见，报本单位保密委员会审议通过后，由人事部门和纪检监察部门按照公司领导人员责任追究处理程序，给予相应处理。上级单位保密委员会负责领导人员保密工作责任追究的组织、指导、管理和监督。

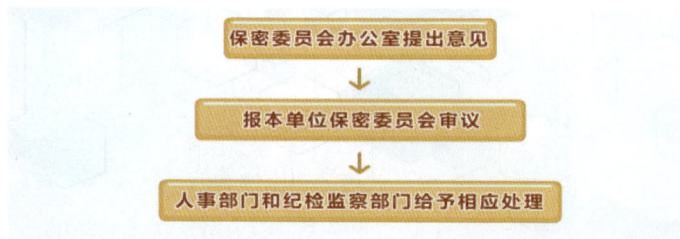

保密委员会办公室提出意见

↓

报本单位保密委员会审议

↓

人事部门和纪检监察部门给予相应处理

## 三、 责任追究适用情形

### 1、诚勉谈话的适用情形

有下列情形之一的，在追究直接责任人责任的同时，对主要领导人员及分管保密工作的领导人员给予批评教育，进行诚勉谈话：

（1）本单位发生丢失或泄露普通商密级涉密文件、资料和移动存储介质，尚未造成泄密，尚未给单位造成损失或其他不利后果的。

（2）本单位人事变动未及时调整保密组织或一个月内未明确从事日常保密管理工作的人员，致使保密工作不能正常开展的。

（3）本单位未按规定及时定密或随意定密、标密，造成文件、资料、涉密计算机和涉密移动存储介质管理混乱的。

（4）未按规定配备必要的保密技术防范设备，存在失密和泄密隐患的。

（5）未按规定办理审批手续，擅自同意或指使承办人员复制（印）、摘抄、销毁机密级、秘密级涉密文件、资料、移动存储介质，或擅自同意、指使承办人员复制（印）、摘抄绝密级文件、资料造成失密和泄密隐患的。

（6）未遵守保密规定使用无保密措施的通信设施或普通邮政传递国家秘密、企业商业秘密，尚未造成严重后果的。

## 2、通报批评的适用情形

有下列情形之一的，在追究直接责任人责任的同时，对主要领导人员给予通报批评：

（1）对本单位主办的涉及国家秘密、公司商业秘密的重要活动和会议，未制定保密工作方案，未采取保密措施，造成重大失密和泄密隐患或发生失密和泄密事件的。

（2）本单位发生丢失或泄露公司核心商业秘密涉密载体的，给公司造成严重损失或其他不利后果的。

（3）任用保密工作人员失误，造成严重失密和泄密后果的。

（4）本单位发生失密和泄密事件后隐匿不报，不及时采取补救措施，不积极配合保密工作部门查办或包庇有关责任人的。

## 3、纪律处分的适用情形

（1）有下列情形之一的，对分管保密工作和分管业务的领导人员给予纪律处分：

1）对本单位主办的涉及国家秘密、公司商业秘密的重要活动、会议，未制定保密工作方案，未采取保密措施，造成重大失泄密隐患或发生失泄密事件的。

2）本单位发生丢失或泄露公司核心商业秘密涉密载体的，给公司造成严重损失或其他不利后果的。

3）任用保密工作人员失误，造成严重失泄密后果的。

4）本单位发生失泄密事件后隐匿不报，不及时采取补救措施，不积极配合保密工作部门查办或包庇有关责任人的。

（2）有下列情形之一的，在追究直接责任人责任的同时，对相关领导人员视情节轻重给予纪律处分：

1）本单位发生丢失或泄露公司核心商业秘密级文件、资料和移动存储介质，给公司造成重大损失或其他重大不利后果的。

2）违反保密协议，造成失泄密后，未及时采取补救措施，给公司造成严重损失和不良影响的。

3）未经批准，擅自同意或指使承办人员销毁绝密级文件资料的。

4）未经批准，擅自同意或指使承办人员复制（印）、摘录国家秘密、企业核心商密载体且造成严重失泄密后果的。

5）指使或放任工作人员用无保密措施的通信设施或普通邮政传递国家秘密及企业核心商业秘密，造成严重失泄密后果的。

6）不履行本规定明确提出的保密工作职责，致使发生重大失密和泄密事件的。

⚙️【案例一】北宋神宗年间，杨绘和滕甫二人被任命为知制诰、知谏院。知制诰主要负责起草诏令，知谏院的工作则是规谏朝政，两个职务均涉及国家机密。当时宰相曾公亮久在相位把持朝政，并且支持王安石的革新主张，从而引起了杨绘、滕甫等保守派的不满。为此，他们商定由滕甫负责草拟奏章，上殿论奏。滕甫累了一天，决定回家再写奏章。当夜，滕甫自信满满地写完了奏章，准备明日在皇帝面前狠狠参奏曾公亮一本。

然而，第二天在滕、杨二人尚未见到皇帝之前，曾公亮的申辩本章却已早早躺在了皇帝的御案之上。滕、杨二人尚未呈上奏章，神宗便说："你们是想参奏某人吧？你们要说的话，人家早就知道了，而且还呈上了辩论的文字，现在就在我这儿，你们自己看看吧！"二人看罢，顿时目瞪口呆。神宗由此逐渐失去了对他们的信任。

原来，滕甫在家写奏章时，滕甫的弟弟在一旁窥见了奏章的内容，他连夜赶往宰相府，将奏章的内容一五一十地全部泄露给了曾公亮。于是，曾公亮决定先发制人，阻止了滕、杨对他的攻击。

🔍 **分析：**

作为掌管机密的官员，滕甫在家中起草奏章即是犯了保密的大忌。正如滕甫无意之中泄露了机密一样，在目前查处的失泄密案件中，过失泄密占了绝大多数，相关人员对保密工作重视程度不够、保密意识缺失是主要原因。

📑 **对策：**

（1）制作涉密载体应当在本单位内部或保密行政管理部门审查批准的定点单位进行。制作涉密载体的场所须符合保密要求。

（2）制作涉密载体过程中形成的不需归档的材料，应当及时销毁。

◎【案例二】2005 年 4 月，中央保密委员会办公室、国家保密局下发了《关于对传播国家秘密信息的互联网站开展检查整顿的通知》（中保办（局）函〔2005〕16 号）。某省保密技术检查中心于 5 月 27 日下午 3 点左右，在对互联网进行检查时发现大量涉密信息，经调查取证，确定这些泄露在互联网上的涉密信息来自省委政法委擅自连接互联网的两台涉密计算机中。

原来，在省委政法委纪工委工作的马某近日被提拔为副书记，办公室为其配备了笔记本电脑。2005 年 5 月 27 日下午，马某让单位打字员小赵将其原用台式电脑内所存文件复制到新配备的笔记本电脑内。当时，马某没有向小赵交代台式电脑中的文件包括大量涉密内容。为求快速方便，小赵将两台电脑连接在与互联网相连的局域网上，置于共享状态，传输信息时间约半小时，被正在进行网络检查的省保密技术检查中心截获。经有关部门调查认定，由于省委政法委的局域网与互联网直接连接，两人的行为构成网上泄密。中央保密办、国家保密局组成专家密级鉴定组对上网的 1229 份文件资料进行密级鉴定，其中，涉密文件资料共 157 份，绝密级 10 份，机密级 119 份，秘密级 28 份。马某是这起网上泄密事件的主要责任人，受到降职、党内严重警告、调离涉密岗位的处分。

🔍 **分析：**

时为领导干部的马某曾先后担任省委政法委维稳处处长、办公室主任、纪工委副书记，单位办公室主任期间还曾分管保密工作，对相关的保密规章制度理应掌握。然而马某由于保密意识淡漠，对保密工作重视不够，不了解保密工作的基本知识，缺乏网络安全保密常识，尤其是在个人使用的办公计算机上大量私自存储国家秘密文件，酿成了这起重大网上泄密事件。

📋 **对策：**

（1）加强对办公计算机的保密管理，不得在没有相应保密措施的计算机信息系统中处理、存储和传输国家秘密、企业秘密。

（2）涉密计算机不得直接或间接与国际互联网、公共信息网相连接，必须实行物理隔离；非涉密计算机信息系统不得采集、存储、处理、传输国家秘密信息。

（3）严禁通过互联网或信息内网传输国家秘密事项。

# 第三章
# 领导干部保密行为规范

保密工作是没有硝烟的战场，窃密与反窃密形势日趋尖锐复杂。领导干部接触的信息更为全面、敏感，是别有用心的人重点关注的对象，失泄密风险指数远远高于普通人。领导干部不但要以对党和国家极端负责的态度担负起保密领导责任，更要自觉担负起个人保密责任，带头严守保密纪律，执行制度规定，提升防范能力，规范日常言行，严格执行国网公司各项行为规范，遵守保密守则，正确使用计算机和通信工具，做知保密、懂保密、善保密的明白人。

## 一、领导干部保密守则

各级领导人员要自觉履行与企业签订的保密协议，遵守以下保密守则：

（1）不泄露各类涉密事项。

（2）不在无保密保障的场所阅办、存放涉密文件、资料及其他涉密载体。

（3）不擅自或指使他人复制（印）、摘抄、销毁或私自留存带有密级的文件、资料、存储介质及其他涉密载体。

确因工作需要复制（印）的，必须严格按照有关规定办理审批手续，复制（印）件按同等密级介质（文件）管理。

（4）不在非涉密记录本或未采取保密措施的电子信息设备中记录、储存和传输各类涉密事项。

（5）不携带涉密文件、资料进入公共场所或进行社交活动，确因工作需要必须携带时，须履行相应的审批程序，并由本人或指定专人严格保管。

（6）不准用无保密措施的通信设施和普通邮政传递各类涉密事项。

（7）教育身边人员遵守各项保密规定，不准与亲友和无关人员谈论各类涉密事项。

（8）不在私人通信及公开发表的文章、著作及言论中涉及各类涉密事项。电子邮箱使用要严格遵守国家和国网公司相关规定，使用国网公司内、外网邮箱发送邮件。

（9）不在涉外活动或接受记者采访中涉及各类涉密事项，确因工作需要涉及或提供时，应事先报有相应权限的机关单位批准。

（10）不在出国访问、考察等境外活动中携带涉及各类涉密事项的文件、资料或物品，确因工作需要携带时，必须按照规定办理审批手续，并采取严格的保密措施。

（11）不隐瞒失密和泄密事件。

## 二、领导干部使用互联网计算机安全保密提示

领导干部在日常工作和生活中使用互联网计算机，需遵守以下保密要求：

（1）严禁在互联网计算机及与之相连的 U 盘、光盘、移动硬盘等移动存储介质上存储、处理国家秘密和内部敏感信息。

（2）严禁在互联网网盘和云盘中存储国家秘密和内部敏感信息。

（3）严禁使用互联网电子邮箱收发国家秘密和内部敏感信息。

（4）严禁在即时通信、微信、微博、论坛等互联网应用中发布国家秘密和内部敏感信息。

（5）拆除或关闭互联网计算机的摄像头和麦克风。

（6）将互联网下载的有关资料导入涉密计算机，应采用光盘刻录或使用普通 U 盘通过"三合一"单导设备导入。

（7）不点击陌生账号的电子邮件及链接，对熟悉账号的可疑电子邮件，应先与对方确认后再点击阅读。

（8）不以单位名称及缩写、个人姓名、房间位置等作为互联网计算机主机名，不存储可能泄露用户身份信息或相关工作人员信息的资料。

（9）安装防病毒和防火墙等防护软件，定期更新系统和应用软件补丁；或安装"影子"系统，防止对计算机系统的非法篡改。

（10）发现受到不明邮件攻击等异常现象，可重新安装操作系统，并向保密部门报告。

## 三、领导干部普通手机使用保密守则

领导干部在日常工作和生活中使用个人普通手机，需遵守以下保密要求：

（1）不得在手机通信中涉及国家秘密。

（2）不得在手机上存储、处理、传输国家秘密信息。

（3）不得将手机连接涉密信息系统、信息设备或者载体。

（4）不得在手机上存储核心涉密人员的工作单位、职务、红机电话号码等敏感信息。

（5）不得在涉密公务活动中开启和使用手机位置服务功能。

（6）在申请手机号码、注册手机邮箱或者开通其他功能时，不得填写禁止公开的涉密单位名称和地址等信息。

（7）不得使用未经国家电信管理部门进网许可的手机。

（8）不得使用境外机构、境外人员赠送的手机。

（9）不得将手机带入保密要害部位、涉密会议和活动场所。

（10）不得在保密要害部门使用手机。

（11）不得在使用涉密信息设备的场所使用手机进行视频通话、拍照、上网、录音和录像。

（12）不得使用商用加密手机谈论以及存储、处理、传输国家秘密信息。

**拓展阅读**

## 她做错了什么

在 2016 年的美国大选中，希拉里"邮件门"成为最大的丑闻，是共和党候选人特朗普攻击希拉里最有力的"武器"，正是"邮件门"让希拉里倒在了总统竞选最后的征程中，那么她到底做错了什么？

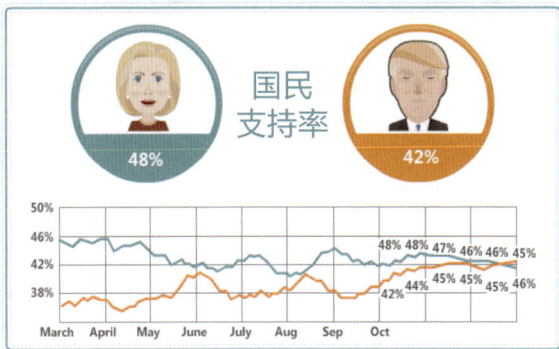

2015 年 3 月 2 日，《纽约时报》披露希拉里担任国务卿期间违规使用私人电子邮箱服务器处理公务，泄露国家机密。这台可以从互联网上直接访问的服务器上面有 2100 封是属于"保密"级别，其中 65 封是"秘密"，22 封是"绝密"。这还不包括希拉里已经删掉的 3 万多封私人邮件。

【解读】从事后的披露看，希拉里是为了规避政府对邮件的监管而使用私人电子邮箱服务器，然而世界上没有不透风的墙，与她通信的记者的邮件被"黑"进而引发了"邮件门"。公私邮件混用不仅容易把本来应该保密的邮件发给不应该看到的人，还很容易被钓鱼邮件骗，或者被恶意软件截屏，盗取密码等。作为领导，对"保密"二字应时刻保持敬畏。

事情到了这里，其实还没有什么大问题。2015年9月，FBI（美国联邦调查局）介入调查，2016年7月5日，FBI向司法部建议不起诉希拉里，因为没有违法证据。至此，"邮件门"有了官方"说法"，为希拉里直奔白宫扫清了障碍。

然而一切都没有结束。事实上，希拉里团队里最重要的一名成员——竞选经理约翰·波德斯塔，曾经在2016年3月19日点开了一封黑客发给他的钓鱼邮件，无意间泄露了自己的密码。他的邮箱很快就被黑客翻了个遍，之后，黑客很快就把战果全部交给了维基解密。自2016年10月开始，维基解密一批一批地公布着波德斯塔的邮件，包括卡塔尔和沙特是为ISIS（伊斯兰国）以及该地区其他逊尼派激进组织提供财政和后勤支持的大金主等秘密。

【解读】约翰·波德斯塔和希拉里一样，使用的也是私人邮件服务器，它基本上没有保护，从互联网上就能扫描。而就是在这样危险的状态下，波德斯塔也没有对信息安全引起足够重视，随意点开钓鱼邮件，导致了邮箱被黑。要知道黑客们连一般人的银行账号、QQ 号都不放过，身为高级官员的重要幕僚，又怎么可能不被重点关注。

　　尽管压力极大，希拉里扔握着"司法部不指控"的免死金牌，依然高枕无忧。此时，最后一颗炸弹爆炸了。胡玛·阿贝丁是希拉里的贴身助手，负责为希拉里保管所有机密材料。2016 年 9 月，正当希拉里的选战打得如火如荼的时候，胡玛·阿贝丁的丈夫韦纳因为涉嫌儿童色情犯罪被捕。纽约警方检查他的邮箱时发现了 11112 封邮件，一部分邮件居然是希拉里的，而且极有可能是之前希拉里从电脑里彻底删除了的那 33000 封邮件中的一部分。这些邮件迫使 FBI 考虑重启"邮件门"的调查。10 月 28 日，FBI 重启对希拉里"邮件门"的调查，特朗普支持率一路狂飙，反超希拉里。

【解读】胡玛·阿贝丁掌握着希拉里大量机密材料，而她竟然公私不分，将机密存储在丈夫的电脑上。身为领导，不仅要管好自己，更要管好自己身边的人，他们不守规矩，很可能最后连累到你。

# 涉密人员保密知识

　　国网公司作为关系国民经济命脉和国家能源安全的重要骨干企业，在国民经济和社会发展中承担着重要的政治、经济和社会责任。随着重大创新成果、关键核心技术、自主知识产权不断涌现，其中涉及国家安全和公司可持续发展的国家秘密和商业秘密日益增多。涉密人员是保密工作的主要参与者，也是保密管理的重要对象。涉密人员管理是保密管理的核心内容和关键环节，也是保密工作的重点和难点。切实加强涉密人员的管理工作，对于进一步做好保密工作具有重要意义。

# 第四章
## 涉密人员的概念、确定和分类

涉密人员的确定直接关系着管理对象是否准确，是做好涉密人员管理工作的基础。只有严格把握涉密人员的概念标准，准确确定岗位和人员，清楚划分涉密等级，才能做到涉密人员管理有的放矢。

### 一、涉密人员的概念

涉密人员是指经组织审查批准，经常接触、处理或知悉、使用、管理国家秘密事项和企业秘密事项，在保守国家秘密和企业秘密安全方面负有重要责任的人员。涉密人员必须严格遵守国家法律法规和企业各项保密工作制度。

### 二、涉密人员的确定

涉及国家秘密的人员由各单位根据国家有关规定拟定，经单位保密委员会审批后，报同级地方保密行政管理机构备案。

涉及企业秘密的人员由各部门根据企业涉密事项范围确

定，报保密办公室审核、备案。

## 三、涉密人员的分类

涉密人员按其所涉及涉密事项的密级实行分类管理，主要分为以下三类：

（1）核心涉密人员：产生、经管或经常接触、知悉绝密级国家秘密事项的人员。

（2）重要涉密人员：产生、经管或经常接触、知悉机密级国家秘密事项和企业核心商业秘密的人员。

（3）一般涉密人员：产生、经管或经常接触、知悉秘密级国家秘密事项和企业普通商业秘密的人员。

# 第五章

## 涉密人员的权利、义务和责任

　　涉密人员的权利和义务是涉密人员管理制度的基本内容之一。涉密人员身处多重法律关系之中，不同的法律关系对应不同的权利和义务。明晰涉密人员的责任、权利和义务，有助于实现科学有效的涉密人员管理。涉密人员切实履行保密职责和义务也是保护国家秘密和企业秘密的坚实基础和屏障。

### 一、涉密人员的权利和义务

#### 1、接受保密教育培训的权利

　　《中华人民共和国保守国家秘密法》（简称《保密法》）第三十六条明确规定："涉密人员上岗应当经过保密教育培训，掌握保密知识技能"，将接受岗前培训作为涉密人员上岗要求之一。接受保密教育培训既是涉密人员的权利，又是涉密人员的义务。单位应当为涉密人员保密教育培训提供必要的条件，涉密人员也要认真学习保密知识与技能，并接受单位的考核。

⚙【案例】 1981 年，A 国某报在一个月内连续在重要版面刊登了我国领导人前往某地视察行程和工作内容以及中国军队演习的消息，严重泄露国家重要政治、军事秘密。经过一个多月的侦查，目标集中到在某重要干部家当保姆的妇女詹某身上。由于其雇主经常在家中与人谈论工作的事项，保姆无意听到。后来她被别人介绍，认识 A 国某报驻京特派记者，此人告诉她可以帮她出国留学，但必须提供一些信息。詹某便经常将在雇主家中听到的谈话告诉此人，以致大量机密泄露，最终案发。

🔍**分析：**

一些普通公民认为自己平时接触不到国家秘密，保密意识不强，又缺乏保密知识，有时通过各种渠道获知一些所谓"小道消息"，却不知实则为国家秘密，因缺乏经验或者思想麻痹，无意中泄露了国家秘密，对国家利益带来损害。

在现代社会，人与人的交往是必不可少的。但在与他人的交往中，如果不注意保密问题，不分地点、场合，随便说话或是吹嘘，擅自将自己知悉的国家秘密告诉他人，往往会扩大国家秘密的知悉范围，造成国家秘密失控，给国家安全和利益带来损害。

**对策：**

（1）公司各级保密工作机构要定期对涉密人员进行保密形势、保密法律法规、保密技术防范知识等教育培训。每年至少组织2次保密培训，以增强其保密意识和保密技能。

（2）涉密人员应熟知本职工作中涉及国家秘密和企业秘密具体事项的范围、密级和保密期限，知悉必须承担的保密义务和责任。

（3）涉密人员必须自觉接受保密教育、遵守保密纪律、接受保密检查。发生、发现泄密事件时，必须立即采取补救措施，并及时向本单位保密办公室报告。

2、申诉控告的权利

当涉密人员的合法权益受到雇佣单位的侵害，其有权向上级机关、纪检监察机关或司法机关提出诉求。

3、保守国家秘密的义务

《保密法》第三条第二款规定："一切国家机关、武装力量、政党、社会团体、企事业单位和公民都有保守国家秘密的义务。"

4、遵守保密规章制度的义务

目前，我国《保密法》及其实施条例以及企业各种保密规章制度等对涉密人员提出了相应的要求，涉密人员应当按照各项规定从事涉密工作，严格遵守保密规章制度。

5、接受监督管理的义务

《保密法》第三十九条规定："机关、单位应当健全涉密人员管理制度，明确涉密人员的权利、岗位责任和要求，对涉密人员履行职责情况开展经常性的监督检查。"对于单位的监督和管理，涉密人员应当予以积极配合。

6、发现泄密后采取相应措施的义务

《保密法》第四十条规定，涉密人员发现泄密隐患或发生泄密事件，应当立即采取补救措施，及时向公司保密主管报告并协助、配合有关部门的查处工作。

## 二、涉密人员的责任

### 1、刑事责任

《中华人民共和国刑法》确定了我国泄密犯罪行为的范围。对于情节严重、符合刑事立案标准的，应当依法移送检察机关、公安机关或者国家安全机关追究刑事责任。

### 2、行政责任

保密行政法律责任的主要承担方式是行政处分，具体包括警告、记过、记大过、降级、撤职、开除6类。《保密法》第四十八条特别规定了应予处分的12种行为，只要发生列举的12种违规行为之一且不构成刑事犯罪的，都将追究其行政责任。这12种行为分别是：

（1）非法获取、持有国家秘密载体

（2）买卖、转送或者私自销毁国家秘密载体

（3）通过普通邮政、快递等无保密措施的渠道传递国家秘密载体

（4）邮寄、托运国家秘密载体出境，或者未经有关主管部门批准，携带、传递国家秘密载体出境

（5）非法复制、记录、存储国家秘密

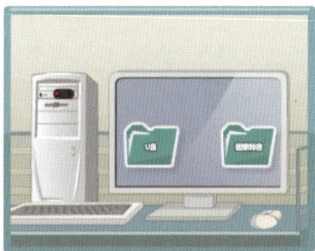

（6）在私人交往和通信中涉及国家秘密

（7）在互联网及其他公共信息或者未采取保密措施的有线和无线通信中传递国家秘密

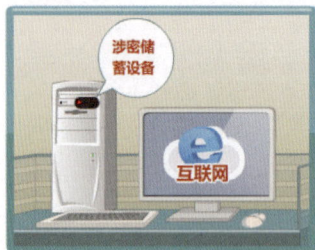

（8）将涉密计算机、涉密存储设备接入互联网及其他公共信息网络

（9）在未采取防护措施的情况下，在涉密信息系统与互联网及其他公共信息网络之间进行信息交换

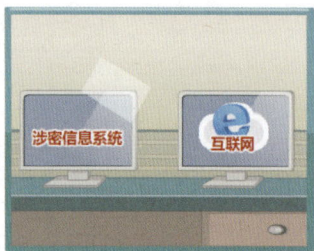

（10）使用非涉密计算机、非涉密存储设备存储、处理国家秘密信息

（11）擅自卸载、修改涉密信息系统的安全技术程序、管理程序

涉密存储设备

涉密计算机

（12）将未经安全技术处理的退出使用的涉密计算机、涉密存储设备赠送、出售、丢弃或者改作其他用途

## 3、党纪责任

保密工作是党和国家历来都十分重视的一项重要工作，"保守党的秘密"是每位共产党员在入党誓词中的庄严承诺，因此违反保密规定的行为也是违反党的保密纪律的行为。根据《中国共产党纪律处分条例》，党员违反有关党内保密规定的，将给予警告或者严重警告处分；情节较重的，给予撤销党内职务或者留党察看处分；情节严重的，给予开除党籍处分。

### 4、其他责任

不属于组织人事和检察机关规定的可以给予处分范围的人员，一旦发生泄密事件或严重违反保密规定的行为，其所在机关、单位可根据内部管理规定，或者合同约定的条款，给予教育、训诫、经济处罚和解除劳动关系等不同形式的处理。

⚙️【案例】甲公司是杭州一家从事发电厂节能研发的高科技公司。2004年，李某从国内某知名大学研究生毕业后被甲公司录用参与公司的节能产品的研发、安装和调试工作。甲公司录用李某时与李某签订了聘用合同并在合同中做了商业秘密保护的约定。2008年，李某从甲公司辞职后与其他几人成立了乙公司，该公司同样是从事发电厂节能研发的高科技公司。2009 年初，甲公司发现乙公司研发的节能产品中使用了甲公司的核心技术，并且甲公司的部分客户流失，转向乙公司成为乙公司的客户。现甲公司将李某和乙公司起诉至法院，要求李某和乙公司停止侵害并赔偿甲公司所受的损失。

**分析：**

商业秘密是能够给企业带来巨大经济利益的无形资产。这种无形资产带有一定的垄断性，往往可以使企业在一定时间、一定领域内获得丰厚的回报。对身处信息化建设快速推进的现代企业而言，商业秘密是企业财富和市场竞争力的核心体现，丧失或泄露企业商业秘密意味着对企业的毁灭性颠覆。商业秘密包括技术信息和经营信息，产品的设计、程序、制作工艺、制作方法、管理诀窍、客户名单、货源情报、产销策略、招投标中的标底及标书内容等信息都属于商业秘密的范畴。对于企业来说，商业秘密遭到泄露和侵犯的最主要原因还在于人员意识的淡漠，平时在企业的经营管理过程中，对本企业的商业秘密保护的重视程度不够，管理措施不当，以致导致本企业商业秘密被泄露和侵害，使企业遭受巨大的经济损失。

📑 **对策：**

（1）建立健全涉密人员管理机制，对涉密人员履行保密义务和责任情况进行监督考核。违反保密法律法规的，应当取消涉密人员资格，调离涉密岗位。

（2）定期对涉密人员进行保密形势、保密法律法规、保密技术防范知识等教育培训。每年至少组织 2 次保密培训，以增强其保密意识和保密技能。

（3）加强涉密人员离岗管理，做好清退和涉密载体移交工作，落实离岗保密承诺书签订工作，并加强脱密期管理。

# 第六章
## 涉密人员的岗位管理

根据《保密法》及其实施条例、有关规章和有关文件管理的规定，单位需要对涉密人员开展日常化、经常化的保密管理，主要内容涉及涉密人员上岗审查、在岗期间保密承诺、重大事项报告、出国（境）管理以及离岗离职的程序、脱密期管理等。

### 一、涉密人员的上岗管理

#### 1、任前审查

根据涉密人员任前管理要求，涉密人员上岗前应根据要求填写涉密人员审批表（见附录 1）。主要内容为上岗人员的基本信息，包括籍贯、文化程度、入党时间、主要社会关系、拟进入的岗位和涉密等级，以及学习和工作经历等。

#### 2、上岗培训

涉密人员上岗前还必须参加保密培训并经考试合格，学习内容应包括保密形势教育、保密工作方针、政策和法律法规、保密知识技能教育、岗位职责教育等。

### 3、上岗保密承诺

涉密人员上岗前，还需签订涉密人员保证书。涉密人员保证书包括的主要内容有：了解并遵守各项保密制度、知悉本岗位涉密事项范围并履行保密义务、自愿接受保密审查、承担法律责任等。

## 二、涉密人员的在岗管理

### 1、在岗教育培训

作为涉密人员，要积极参加单位组织的保密教育培训，每年要接受不少于 4 个学时的保密专题培训，通过学习培训，提升保密意识和保密素质。

## 2、出国境审批

涉密人员因公因私出国境，要及时向保密管理机构申报，经过有关部门批准，并主动接受单位的行前保密提醒。未经同意，不得私自办理出国境手续。涉密人员回国后，应主动接受单位的出国回访。

## 3、从业限制

涉密工作的特殊性和重要性，使涉密人员在一些权利上受到限制，如：严禁私自到境外机构、组织或者外商独资企业工作；严禁私自为境外机构、组织或者人员提供劳务、咨询或者其他服务。

⚙️ 【案例】湖北某研究所正着手研究一种用于治疗糖尿病的新药，并被确定为秘密级国家秘密。董事长彭某私自携带相关资料出境，并与境外某公司签订协议，以 200 万元的价格转让该新药的技术，获境外公司提供的 20.5 万元人民币和 66 万元港币。后彭某被判处有期徒刑 5 年。

🔍 分析：

彭某携带、传递国家秘密载体出境，使国家秘密处于难以管控的状态，严重危害了国家秘密安全。邮寄和非法携运国家秘密载体出境作为《保密法》规定的十二种严重违规情形之一，表明此种行为存在巨大危害。确因工作需要携运机密、秘密级密件出境或在对外合作中合法向外方提供国家秘密，并由外方人员携带国家秘密出境的，可经本单位主管领导批准后，向有关保密行政管理部门或保密工作机构申请办理国家秘密载体出境许可证，海关对国家秘密载体出境许可证查验后放行。

**对策：**

（1）因工作需要携带国家秘密载体外出，必须履行审批手续，并采取保密措施。携带秘密级载体外出由部门领导批准；携带机密级载体外出由单位分管领导批准；携带绝密级载体外出由单位主管保密工作领导批准，并有2人以上同行。

（2）严禁对外提供绝密级国家秘密，确需提供的，由密级确定单位或者上级单位批准。

### 4、重大事项报告

涉密人员遇到下列事项，应当及时向保密管理机构报告：

（1）发生泄密或者造成重大泄密隐患时；

（2）发现针对本人利诱、胁迫、渗透、策反等特殊行为；

（3）接受境外机构、组织及非亲属人员资助；

（4）与境外人员结婚；

（5）配偶、子女获得境外永久居留资格或者取得外国国籍；

（6）个人认为需要报告的其他事项。

## 三、涉密人员的离岗离职管理

涉密人员离岗是指离开涉密岗位，仍在本单位工作的情形。

涉密人员离职是指辞职、辞退、解聘、调离、退休等离开本单位的情形。

### 1、做好涉密载体清退和移交

涉密人员离岗离职时，应清退个人持有和使用的秘密载体和涉密信息设备，如文件资料、U盘、磁盘等涉密载体。移交时，应进行清点、登记，办理移交手续。

### 2、做好涉密权限收回

涉密人员离岗离职时，单位应及时收回原涉密人员的系统访问权，封存或禁用其系统账号，或关闭原设备接入端口，必要时进行技术审计。作为保密要害部位的涉密人员，离岗离职时，要收回出入涉密场所或要害部位的出入权限，如注销门禁账号口令、变更门禁卡权限等。

### 3、签订离岗保密承诺书

涉密人员离岗离职时，要签订涉密人员离岗保密承诺书。

### 4、进入脱密期管理

涉密人员签订离岗保密承诺书后，按签订时间进入脱密期管理，脱密期限由涉密人员所在部门和单位根据其涉密程度确定。

一般情况下，核心涉密人员的脱密期限为 3 ~ 5 年，重要涉密人员为 2 ~ 3 年，一般涉密人员为 1 ~ 2 年。法律法规或国家有关主管部门有特殊规定的按规定办理。

涉密人员在脱密期内未经审查批准，不得擅自出国境，不得到境外驻华机构、组织或外资企业工作，不得为境外组织人员或外资企业提供劳务、咨询或者服务等。

# 第七章
# 涉密人员的工作规范

　　涉密人员既是国家秘密和企业秘密的接触者，又是国家秘密和企业秘密的保护者。他们在工作中可能产生、知悉、管理、使用国家秘密和企业秘密。一份文件是否涉密，涉密载体、涉密设备如何规范使用，国家秘密和企业秘密能否得到有效保护，关键在于涉密人员能否自觉遵守保密法律法规，切实掌握基本的保密工作常识和技能。

## 一、定密管理

### 1、定密原则

　　《国家秘密定密管理暂行规定》第四条的规定："机关、单位定密应当坚持最小化、精准化原则，做到权责明确、依据充分、程序规范、及时准确，既确保国家秘密安全，又便利信息资源合理利用。"

## 2、定密依据

确定国家秘密的依据是：由承办人依据各行业国家秘密及具体范围的规定执行。机关、单位执行上级确定的国家秘密事项，需要定密的，根据所执行的国家秘密事项的密级确定。

确定企业秘密的依据是：由承办人依据公司涉密事项目录确定。

## 3、标密

（1）书面形式的密件在封面左上角标明密级和保密期限。

国家秘密的密级和保密期限标志为"★"，"★"前标密级，"★"后标保密期限，例如"秘密★6年"。如不标明期限，除另有规定外，绝密级不超过30年、机密级不超过20年、秘密级不超过10年。

企业秘密标志和保密期限一般标注在文件、资料封面或者首页的左上角。商业秘密标注为"××商密·×年"，例如"核心商密·5年"。工作秘密标注为"内部事项"或"内部资料"。

（2）非书面形式的密件，以能够明显识别的方式在密件上标明密级和保密期限。

（3）汇编涉密文件、资料，应对各独立文件、资料作出标志，并在封面或者首页以其中最高密级和最长保密期限作出标志。

（4）摘录、引用属于国家秘密内容的，应以其中最高密级和最长保密期限作出标志。

### 4、涉密事项的确定

当涉密人员认为该事项为涉密事项后，要拟定密级、保密期限和知悉范围，填报定密事项确定审批表（见附录4），报定密责任人审核批准，并按要求规范标密。

需要注意的是：下级单位认为本单位产生的有关定密事项属于上级单位的定密权限，应当先行采取保密措施，报请上级单位确定。

### 5、涉密事项的变更

国家秘密密级变更由原定密部门、单位承办人提出具体意见，经定密责任人审核批准后，以书面形式通知知悉范围内的部门、单位或人员。

企业秘密变更由承办人提出具体意见，经本单位分管领导审核批准后，以书面形式通知知悉范围内的部门、单位或人员。

### 6、涉密事项的解密

（1）国家秘密事项保密期限已满且无特殊规定的，即自行解密。

（2）国家秘密事项在保密期限内，因情况变化，不需要继续保密的，由原定密部门、单位或其上级单位决定。

（3）企业秘密事项保密期限已满即自行解密。在保密期限内的，若公开后无损于公司的安全和利益，或公开后对公司更为有利的，应当及时解密，解密由原确定密级的部门和单位决定。

需要注意的是：对解密后不宜对外公开的事项，需严格管理，未经原定密部门或单位批准，不得擅自扩散和公开。

## 二、涉密载体管理

涉密载体是指以文字、数据、符号、图形、视频、音频等方式记载、存储国家秘密和企业秘密信息的纸介质、光介质、磁介质等各类物品。

纸介质　磁介质　光介质　半导体介质

### 1、涉密载体的分类

（1）纸介质涉密载体是指传统的纸质涉密文件、资料、书刊、图纸等。

（2）磁介质涉密载体是指利用磁原理写入和读取涉密信息的硬盘、软盘、磁带等。

（3）光介质涉密载体是指利用激光原理写入和读取涉密信息的存储介质，包括 CD、VCD、DVD 等各类光盘。

（4）半导体介质涉密载体是指利用电子原理写入和读取涉密信息的存储介质，包括各类 U 盘、存储卡等。

### 2、涉密载体的制作

（1）制作涉密载体，应当标明密级和保密期限，注明发放范围、制作数量，并编排顺序号。

（2）制作涉密载体应当在本单位内部或保密行政管理部门审查批准的定点单位进行。注意：制作国家秘密级涉密载体必须在单位指定的保密要害部位内进行。

（3）起草涉密文件、资料的过程稿、送审稿、讨论稿、修改稿、征求意见稿等，都要严格地按照保密规定妥善保管，不能随意丢弃。

（4）制作过程中产生的废纸等不需归档的材料，应当按规定及时销毁，不能随意处理，不得作为废品出售给废旧物资回收单位或个人。

（5）涉密载体的制作数量要严格按照批准要求，任何人不得多制、私留涉密载体。

### 3、涉密载体的分发

（1）严格按照限定的知悉范围分发，不能擅自扩大范围。

（2）按涉密等级做好分发登记。登记内容可包括收文单位、时间、文件资料标题、文号、编号、份数等栏目。分发涉密载体的各种登记清单，要保存以备查询。

### 4、涉密载体的传递

（1）传递涉密载体时应当进行密封包装。在本市内传递机密级和秘密级涉密载体，可通过机要文件交换站进行，也可以派专人传递，绝对不能委托无关人员代为传递。寄往市外的涉密载体，要通过机要交通或机要通信部门传递，不得通过普通邮政邮寄。

（2）传递企业秘密载体，应采用邮政挂号或邮政特快专递（EMS）方式寄送，严禁通过各类社会快递公司寄送。

（3）直接传递涉密载体时，应由专门人员负责，传递途中不能办理私事或进入无关场所。

（4）传递涉密载体，应由收文单位的机要室或收发室签收，不能随意由无关人员代收。

⚙【案例一】　某大型国有集团公司一位专家接到一杂志社的约稿，专家请其博士生将修改后的包含涉密信息的稿件通过电子邮箱发至杂志社，至网络监察发现该邮件并删除时，已在网上停留了 7 个小时，造成泄密。

⚙【案例二】　某军工单位即将退休的技术人员袁某接到朋友的电话，希望他帮助提供一些军品的制作标准，以便参考。热心的老袁在未履行任何手续的情况下，找同事复制三份相关资料，并通过普通邮件方式寄出。经鉴定，该组资料为机密级国家秘密，袁某受到单位行政记过处分。

🔍分析：

无意识泄密者在泄密行为发生时并非出于故意，但同样造成了危害国家安全和人民利益的后果，其行为主要暴露了以下几方面的问题：

（1）意识淡薄。一些人认为，现在的社会越来越开放，国际合作交流越来越多，互通情况、互传信息是时代的要求。还有的人认为，外国间谍情报机关的高科技手段越来越先进，侦查卫星拍摄的资料甚至能分辨出地面上的拳头大小的物品，秘密难以保住。"无密可保"的错误观念导致丧失警惕，疏于防范，引发泄密事件的发生。

（2）缺乏责任心。涉密人员应有严格的保密工作职责和纪律，但有些人责任心不强，工作态度疏忽大意，造成泄密事件或违反保密规定。

（3）缺乏保密知识。有些人平时不注意学习，不了解相关保密法律法规，或对一些保密技术不了解，认为个人邮箱有密码，不会发生泄密，而在互联网上利用电子邮件传递涉密文件或资料，引发泄密事件或造成泄密隐患。

### 对策：

提升员工保密意识，加强涉密载体传递各环节的保密教育。

（1）传递涉密载体，应当通过机要交通或机要邮局；指派专人传递的，应选择安全的交通工具和交通线路。传递涉密载体时，封装涉密载体的信封上应标明密级、编号和收、发件单位名称。

（2）禁止在普通传真机上发送涉密文件。绝密级文件只能通过国家专用密码设备传递；机密级及其以下涉密文件可通过经国家有关机构批准由公司统一配置安装的普通密码传真设备传递。

（3）严禁通过普通电话、即时通信工具等非保密通信设备谈论涉密信息，禁止通过手机短信、互联网电子邮件发送涉密信息。发现他人违反保密规定时应予以制止。

### 5、涉密载体的接收

（1）接受涉密载体时应检查送达的密件是否发给本单位的，不是发给本单位的，不能接收，应当即退给投递人员。

（2）检查信封、袋、套密封是否完好无损，确认未被拆开，才能接收。如发现问题，应当立即将情况报告单位主管领导和发文单位处理。

（3）检查签收单上的登记与涉密实物是否相符，如果不相符，不能接收，同时要及时告知发文单位，并要求投递人员弄清原因。

（4）各项情况检查核对无误后，由接收人员签名并注明接收时间，加盖接收单位收件专用章。

## 6、涉密载体的阅读和使用

（1）应当在办公室或专门阅文室阅读和使用涉密载体，确需在其他场所阅读和使用的，该场所应当符合保密规定要求。

（2）阅读和使用涉密载体时，应当办理登记、签收手续。涉密载体管理人员要随时掌握载体的去向。

（3）涉密载体阅读、使用完毕后应及时归还保密室或机要室，不得横传，不得交无关人员阅读、使用，不得私自留存涉密载体。

（4）不得擅自复制、摘录、摘抄涉密文件、资料内容。

## 7、涉密载体的借阅

借阅涉密载体应履行审批手续，所借阅涉密载体必须按期归还，到期仍需使用的应办理续借手续；涉密载体管理部门对逾期不还的涉密载体，应及时催退。

按期归还，到期仍需使用的应办理续借手续

逾期不还的涉密载体，应及时催退

### 8、涉密载体的复制

涉密载体原则上不允许复制。确因工作需要复制，应履行审批手续（见附录5）。

（1）复制绝密级载体，应当经密级确定单位或者上级单位批准。

（2）复制机密级载体，应当经本单位主管保密工作领导批准。

（3）复制秘密级载体，应当经本单位分管领导批准。

（4）复制核心商业秘密载体，应当经本单位分管领导批准。

（5）复制普通商业秘密和工作秘密载体，应当经本部门领导批准。

（6）复制涉密载体，不得改变其密级、保密期限和知悉范围。

（7）国家秘密载体复制完毕后，机要室应对复制份数、复制件密级标识等进行核对，并逐份登记，加盖复制单位戳记，标明复制部门、编号和时间。涉密载体复制件视同原件管理。

（8）复制涉密载体，应在机关、单位内部或在保密行政管理部门审查批准的定点单位进行。委托具有涉密资质的企业事业单位从事涉密载体复制，应当与其签订保密协议，提出保密要求，采取保密措施。

⚙【案例】　某 C 研究所项目组长李某，2012 年 7月准备跳槽至另一家 D 研究所，遂利用工作便利，把涉密文件资料混在非涉密文件资料中刻录光盘，将 C 研究所大量涉密文件资料拷贝至家中私人笔记本计算机和 D 研究所工作计算机上。事后经鉴定，其中有 15 项机密级、58 项秘密级国家秘密和 59 项不宜公开的文件资料。事件发生后，李某被以非法获取国家秘密罪判处拘役 3 个月。

🔍分析：

当前，随着信息化的不断发展，光介质、电磁介质等大量新型涉密载体，数码照相机、摄像机、录音笔、扫描仪等办公自动化设备在工作中普遍使用，数量急剧增多，泄密风险激增。尤其是电磁介质，具有体积小、容量大、复制方便等特征，应当在工作中引起特别注意。

📑对策：

（1）涉密载体原则上不允许复制。确因工作需要复制，应履行相关的审批手续。

（2）复制涉密载体，不得改变其密级、保密期限和知悉范围。

（3）国家秘密载体复制完毕后，机要室应对复制份数、复制件密级标识等进行核对，并逐份登记，加盖复制单位戳记，标明复制部门、编号和时间。涉密载体复制件视同原件管理。

（4）复制涉密载体，应在机关、单位内部或在保密行政管理部门审查批准的定点单位进行。委托具有涉密资质的企业事业单位从事涉密载体复制，应当与其签订保密协议，提出保密要求，采取保密措施。

### 9、涉密载体的外出携带

（1）一般不要携带涉密载体外出。确因工作需要携带外出的，必须履行审批手续（见附录6），并采取严格的保密防护措施，使涉密载体始终处于本人有效监控之内。

（2）禁止携带绝密级涉密载体外出。确因工作需要携带的，须经本机关、本单位主管领导批准，并严格封装，至少应有两人同行。携带秘密级载体外出由部门领导批准；携带机密级载体外出由单位分管领导批。

（3）参加涉外活动时，不要携带涉密载体。确因工作需要携带机密级、秘密级涉密载体的，应当经本机关、本单位主管领导批准，并采取严格保密措施。

（4）携带涉密载体外出，如遇涉密载体安全受到威胁时，应当立即就近请求保密、公安、安全部门或其他机关、单位帮助处理，并尽快与本机关、本单位取得联系。

## 10、涉密载体的保存

（1）涉密载体应当存放在密码文件柜中。绝密级载体应当存放在密码保险柜中，由专人管理。

（2）工作人员离开办公场所，应将涉密载体存放在保密设备中。

（3）要定期对涉密载体进行清查、核对和登记，需归档的要及时归档保存，需清退的应及时如数清退，任何单位和个人不得自行留存。检查中发现问题要及时向有关部门报告。

（4）国家秘密载体的归档，按照国家有关档案管理规定执行。

## 11、涉密载体的汇编和摘抄

（1）汇编、摘抄国家秘密文件、资料，应当经文件、资料原制发机关、单位批准。

（2）经批准汇编的秘密文件、资料的密级、保密期限和知悉范围，应与原件保持一致。

（3）秘密文件、资料汇编本，应当按所汇编秘密文件、资料的最高密级和最长保密期限做出国家秘密标志，并按相应密级进行管理。

（4）摘录、引用国家秘密内容的笔记本，要做出与原件一致的国家秘密标志，按原件同样的保密措施进行管理。

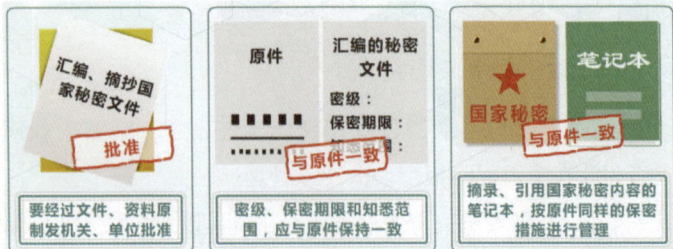

12、对外提供涉密载体的要求

因工作需要向有关部门（单位）提供涉密载体，应履行审批手续（见附录7）。

（1）严禁对外提供绝密级国家秘密，确需提供的，由密级确定单位或者上级单位批准。

（2）提供机密级、秘密级载体，经单位保密办公室审核，分管领导同意后，由主管保密工作领导批准。

（3）提供核心商业秘密载体，经单位保密办公室审核，由分管领导批准。

（4）提供普通商业秘密和工作秘密载体，由分管领导批准，并提交单位保密办公室备案。

（5）经批准向有关部门提供涉密载体，应当与接收部门签订保密协议书，明确对方应承担的保密责任和义务。

13、销毁涉密载体的要求

（1）涉密载体除正在使用或者按照有关规定留存、存档外，应及时予以销毁。涉密载体的销毁工作，要严格按照国家和公司相关规定执行。销毁复制件，应按正式涉密载体的方式处理。

（2）销毁国家秘密载体要履行清点、登记手续，报本单位主管保密工作领导审核批准后，由本单位负责文件销毁的部门派专人送交保密行政管理部门指定的销毁工作机构或承销单位销毁。单位自行销毁的，应严格执行国家有关保密规定和标准。暂时不能销毁的涉密载体要存放在符合安全保密要求的专门场所。

（3）企业秘密载体销毁工作参照国家秘密载体销毁要求进行。

（4）禁止任何单位和个人未经批准私自销毁涉密载体；禁止非法捐赠或者转送涉密载体；禁止将涉密载体作为废品出售；禁止将涉密载体送交未经保密行政管理部门指定的单位销毁。

## 三、涉密办公自动化设备的管理

涉密办公设备，是指专门用于存储、处理国家秘密信息的计算机、移动存储介质、保密技术防护专用系统、打印机、复印机、传真机、扫描仪、保密专用手机等。

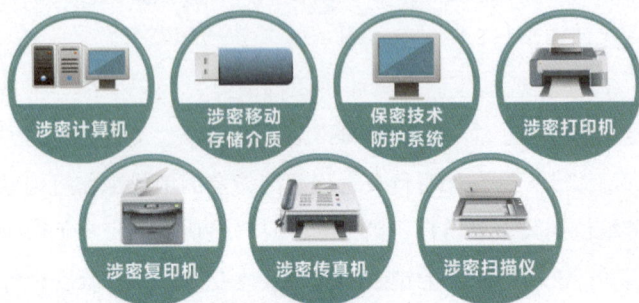

涉密计算机　涉密移动存储介质　保密技术防护系统　涉密打印机

涉密复印机　涉密传真机　涉密扫描仪

### 1、涉密办公设备的采购和使用

（1）涉密办公设备的采购须选取经国家保密行政管理部门认证的、各项技术指标符合国家标准的产品。采购方式按照国家相关规定执行。

（2）涉密办公设备投入使用前，要进行必要的安全检查，并确保涉密办公设备的使用环境安全可控。

（3）涉密办公设备应使用符合国家有关要求的红黑电源滤波隔离插座。

（4）涉密办公设备要建立设备台账（见附录8)，台账中应至少包括设备编号、设备名称、设备型号、设备序列号、密级、操作系统版本、硬盘号、MAC地址、责任部门、保管员、监督员、设备启用时间、物理位置等项目，并根据涉密办公设备信息变更情况及时进行更新。其中：涉密等级由处理信息的最高密级确定，设备编号按照《国家电网公司涉密办公自动化设备保密管理规定》（国家电网企管〔2014〕1211号）的附件三《涉密办公自动化设备编号规则》确定。举例：国网浙江省电力有限公司的涉密计算机编码为 BM0-045-01。

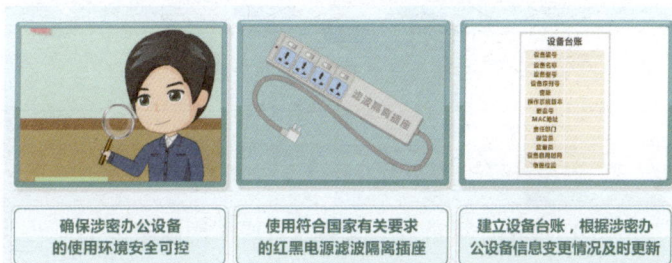

确保涉密办公设备的使用环境安全可控

使用符合国家有关要求的红黑电源滤波隔离插座

建立设备台账，根据涉密办公设备信息变更情况及时更新

（5）涉密办公设备显著位置要张贴设备标识。设备标识应至少包含设备编号、设备名称、设备型号、密级、责任部门、保管员、监督员、物理位置等信息。

（6）使用涉密办公设备时要填写涉密办公自动化设备使用登记表（见附录11），非涉密设备保管员需使用涉密设备时，要经审核通过后，方可使用。

（7）涉密办公设备使用部门，每个月要填写涉密办公自动化设备使用情况报告（见附录12），并报本单位保密办。

（8）涉密办公设备不得与存储、处理非涉密信息的办公设备交叉使用。

非涉密计算机 　涉密计算机

交叉使用涉密移动存储介质

**2、涉密计算机的使用**

（1）涉密计算机及其附属设备要采用国家保密有关单位认可的涉密专用信息设备。

（2）涉密计算机必须配备保密技术防护专用系统。严禁将涉密计算机以任何连接方式接入互联网、公司信息网络或其他公共信息网络。

（3）涉密计算机严禁使用无线鼠标等具有无线互联功能的外部设备，不得配备和安装视频、音频输入输出设备。

（4）涉密计算机应按以下要求设置开机密码策略：密码长度不得少于 10 个字符；密码必须采用字符和数字混合编码方式组合，即由大小写字母、数字、符号等组成；密码设置不应采用如姓名、生日等易于猜测的信息；密码应至少每月更新一次。

注意：当涉密计算机保管员变更后，必须更换涉密计算机开机密码。涉密计算机保管员不能在任何场合透露涉密计算机用户名和密码，离开涉密计算机时应锁定系统或关闭计算机。

（5）涉密计算机必须进行系统安全加固，关闭不必要的服务和组件，安装杀毒软件，每月升级病毒库，查杀病毒。严禁在涉密计算机中安装与工作无关的软件。

### 3、涉密复印机的使用

涉及国家秘密的文件资料复印时，必须使用涉密复印机进行复制。涉密复印机必须单机独立运行，使用中应严格履行登记审核手续。

### 4、涉密移动存储介质的使用

（1）涉密移动存储介质用于临时存储涉密信息，只能在涉密计算机上使用。严禁在涉密计算机和非涉密计算机之间交叉使用涉密移动存储介质。

（2）涉密移动存储介质日常保管应放置于密码柜中。不得擅自携带涉密移动存储介质外出，如需携带外出，需履行相应的审批手续，由保管员填写涉密移动存储介质外出携带审批表（见附录13）。

（3）外出携带涉密移动存储介质应当进行必要的检查和信息消除处理，保证涉密移动存储介质只存有与本次外出相关的涉密信息。

（4）涉密光盘除执行涉密移动存储介质的规定外，还需按照涉密载体管理要求，严格落实制作、收发、传递、使用、复制、保存、销毁等环节的保密措施。

### 5、涉密办公设备的维修

涉密办公设备发生故障，应先由公司内部设备运维部门进行检测，排查问题，需要维修时，须填写《涉密办公自动化设备维修登记表》(见附录 9)，经本单位保密办批准后，由生产厂家到使用现场进行维修。维修时，设备保管员应全过程监控。现场无法修复需带出维修时，应交由国家保密行政管理部门指定的具有相应资质的单位进行维修。

涉密办公设备日常维护或故障维修后更换下的部件或配件，应按照涉密办公设备报废处理流程统一进行处理。

| 先内部维修 | 维修要登记 | 现场要监控 | 有维修资质的单位维修 |

【案例】 2009 年，某涉密单位 1 台涉密复印机发生故障，该单位请制造商派人维修。在维修过程中，修理人员表示，是复印机硬盘发生了故障，必须带回

维修，该单位有关人员忽视涉密复印机硬盘存有涉密内容的情况，竟同意其带走。几天后，该单位发现问题后立即与维修部联系，得知该硬盘已送往境外。事件发生后，有关责任人员受到了党纪政纪的严肃处理。

分析：

将未经安全技术处理的退出使用的涉密计算机、涉密存储设备赠送、出售、丢弃或者改作其他用途，其中存储的国家秘密信息即使删除仍可以通过技术手段恢复，存在严重泄密隐患。

对策：

（1）要切实提升涉密办公设备管理和使用人员的保密意识，严格落实相关保密规范，任何单位和个人严禁私自送修和销毁涉密办公设备。

（2）对需维修或报废的涉密办公设备或配件，应当登记造册，由使用部门申请，经本单位保密办批准后，交由公司内部运维人员或国家保密行政管理部门指定的有资质的单位进行维修或销毁。

### 6、涉密办公设备的报废

涉密办公设备报废，应填写《涉密办公自动化设备报废登记表》（见附录10），经本单位保密办批准后，交由国家保密行政管理部门指定的涉密载体销毁中心统一销毁，并保留销毁凭据。

| 填写《涉密办公自动化设备报废登记表》 | 交由国家保密行政管理部门指定的涉密载体销毁中心统一销毁 |

严禁任何单位和个人擅自销毁涉密办公设备。严禁将涉密办公设备进行公益捐赠或作为废品出售。严禁将拟报废的涉密办公设备作为非涉密办公设备继续使用。

# 附录1　　　　涉密人员审批表

部门：

| 姓　名 | | 性　别 | | 民　族 | | 出生年月 | |
|---|---|---|---|---|---|---|---|
| 政治面貌 | | 入党时间 | | 参加工作时间 | | | |
| 行政职务 | | | 专业技术职务 | | | | |
| 学历 | | | 毕业院校 | | | | |
| 主要社会<br>关系 | | 姓名 | 与本人关系 | | 工作情况 | | |
| | | | | | | | |
| | | | | | | | |
| | | | | | | | |
| 现工作岗位及密级 | | | | | | | |
| 拟进入涉密岗位及密级 | | | | | | | |
| 拟定涉密人员密级 | | □核心涉密人员　　　　□重要涉密人员<br>□一般涉密人员 | | | | | |
| 涉密资格审查情况 | | | 　　　年　　　月　　　日（盖章） | | | | |
| 所在部门意见 | | | 　　　年　　　月　　　日（盖章） | | | | |
| 组织（人事）部门意见 | | | 　　　年　　　月　　　日（盖章） | | | | |
| 保密办公室意见 | | | 年　　　月　　　日（盖章） | | | | |

**注**　本表由申请人填写，经组织（人事）部门、保密办审查通过后，由保密办备案。

## 附录 2  涉密人员因私出国（境）审批表

| 姓名 | | 性别 | | 出生年月 | |
|------|---|------|---|----------|---|
| 涉密等级 | | | 涉密岗位 | | |
| 政治面貌 | | | 身份证号 | | |
| 审批事项 | 证件类型 | | | | |
| | 出国（境）事由 | | 前往国家（地区） | 起止时间 | |
| 同行人员情况 | 与本人关系 | 姓名 | 年龄 | 政治面貌 | 工作单位、职务及居住地 |
| | | | | | |
| | | | | | |
| | | | | | |
| 审批意见 | (所在部门签字盖章)　　　年　　月　　日 | | | | |
| | (保密机构签字盖章)　　　年　　月　　日 | | | | |
| | (组织人事部门签字盖章)　　　年　　月　　日 | | | | |

# 附录3　涉密人员重大事项报告表

| 报告人 | | 性别 | | 民族 | | 政治面貌 | | 在岗状态 | |
|---|---|---|---|---|---|---|---|---|---|
| 工作单位 | | | 职务职级 | | | | | 现职□ | |
| 工作岗位 | | | 涉密等级 | | | | | 脱离期□ | |
| 身份证号 | | | 户籍地 | | | | | | |

### 1. 发生泄密或者造成重大泄密隐患时

有此类情况□　　　无此类情况□

| 类型 | 泄密□　　重大泄密隐患□ |
|---|---|
| 时间 | |
| 事件描述 | |

### 2. 发现针对本人利诱、胁迫、渗透、策反等特殊行为

有此类情况□　　　无此类情况□

| 时间、地点 | |
|---|---|
| 事件描述 | |

### 3. 接受境外机构、组织及非亲属人员资助

有此类情况□　　　无此类情况□

| 资助人 | | 资助时间 | | 资助金额 | |
|---|---|---|---|---|---|
| 资助地点 | | 资助方式 | | 现金□　银行□　其他 | |
| 情况说明 | | | | | |

### 4. 与境外人员通婚情况

有此类情况□　　　无此类情况□

| 婚姻情况 | 变化时间 | 配偶姓名 | 配偶国籍 |
|---|---|---|---|
| 结婚□　再婚□ | | | |

### 5. 本人、配偶、子女获得境外永久居留资格或者取得外国国籍时

有此类情况□　　　无此类情况□

| 姓名 | 称谓 | 变更情况 | 国籍／移居类别 | 移居时间 | 现居住城市 |
|---|---|---|---|---|---|
| | | | | | |

### 6. 个人认为需要报告的其他事项

| |
|---|
| |

## 附录 4　　　涉密事项确定审批表

填报部门:

| 事项名称 | | | | |
|---|---|---|---|---|
| 事件描述 | 密级 | | 保密期限 | |
| | 知悉范围 | | | |
| 定密依据 | | | | |
| 承办人 | | | | |
| 承办部门负责人 | | | | |
| 保密办负责人 | | | | |
| 定密负责人 | | | | |

# 附录5　　复制涉密载体审批表

| 部门 | | 复制人 | | 联系电话 | |
|---|---|---|---|---|---|
| 国家秘密载体 | 名称、文号 | | | | |
| | 类　别 | □文件 □资料 □录音录像带 □图片 □其他 | | | |
| | 密级 | □绝密□机密□秘密 □核心商密□普通商密 □工作秘密 | | 复制份数 | |
| | 复制理由 | | | | |
| | 去　向 | | | | |
| 所在部门 审批意见 | | 负责人：　　　年　月　日 | | | |
| 有关负责人 审批意见 | | 负责人：　　　年　月　日 | | | |

注　1.复制绝密级载体，应当经密级确定单位或上级单位批准。

2.复制机密级载体，应当经主管领导批准。

3.复制秘密级载体，应当经分管领导批准。

4.复制核心商业秘密载体，应当经分管领导批准。

5.复制普通商业秘密和工作秘密载体，由部门领导批准。

6.国家秘密载体复制件须到机要部门登记并按原件管理。

7.密码电报复制按国家相关规定办理。

## 附录6 携带国家秘密载体外出审批表

| 携带人 | | 部门 | | 联系电话 | |
|---|---|---|---|---|---|
| 国家秘密载体 | 名称 | | | | |
| | 类别 | □文件 □资料 □录音录像带 □便携式计算机 □移动存储介质 □其他 | | | |
| | 密级 | □绝密 □机密 □秘密 | | | |
| | 用途 | | | | |
| 所在部门审批意见 | | 盖章: 负责人: 年 月 日 | | | |
| 分管领导审批意见 | | 负责人: 年 月 日 | | | |
| 主管领导审批意见 | | 负责人: 年 月 日 | | | |

注 1. 携带绝密级载体外出由单位主管领导批准;
　　2. 携带机密级载体外出由单位分管领导批准;
　　3. 携带秘密级载体外出由部门领导批准;
　　4. 经批准携带的秘密载体要采取保密措施。

# 附录 7　　对外提供涉密载体审批表

| 申请人部门 | | 申请人姓名 | |
|---|---|---|---|
| 申请日期 | | 联系方式 | |
| 对外提供<br>涉密信息<br>名称及内容 | | 密级 | 绝密 □<br>机密 □<br>秘密 □<br>核心商密□<br>普通商密□<br>工作秘密□ |
| 对外提供的形式<br>或介质 | | 页数 | |
| 申请理由 | | | |
| 部门意见 | | | |
| 保密办公室意见 | | | |
| 分管领导意见 | | | |
| 主管领导意见 | | | |

注　1.提供绝密级载体，由密级确定单位或上级单位批准。

　　2.提供机密级、秘密级载体，经保密办审核，分管领导同意后，由主管领导批准。

　　3.提供核心商业秘密载体，经保密办审核，由分管领导批准。

　　4.提供普通商业秘密和工作秘密载体，由分管领导批准，并提交保密办备案。

## 附录 8　涉密计算机、保密技术防护专用系统、涉密打印机等设备台账

单位：

| 序号 | 部门 | 涉密机编号 | 涉密机型号 | 硬盘号 | MAC地址 | 操作系统 | 密级 | 保密机配发日期 | 导入装置编号 | 导入装置型号 | 导入装置序列号 | 导入装置配发日期 | 涉密U盘编号 | 涉密U盘序列号 | 涉密U盘配发日期 | 打印机编号 | 打印机型号 | 打印机配发时间 | 红黑电源 | 保管员 | 监督员 | 使用地点 | 备注 |
|---|---|---|---|---|---|---|---|---|---|---|---|---|---|---|---|---|---|---|---|---|---|---|
| 1 | | | | | | | | | | | | | | | | | | | | | | | |
| 2 | | | | | | | | | | | | | | | | | | | | | | | |
| 3 | | | | | | | | | | | | | | | | | | | | | | | |
| 4 | | | | | | | | | | | | | | | | | | | | | | | |

## 涉密复印机台账

单位：

| 序号 | 部门 | 复印机编号 | 复印机型号 | 密级 | 配发时间 | 保管员 | 监督员 | 使用地点 | 备注 |
|---|---|---|---|---|---|---|---|---|---|
| 1 | | | | | | | | | |
| 2 | | | | | | | | | |
| 3 | | | | | | | | | |

# 附录 9　涉密办公自动化设备维修登记表

单位：

| 部门名称 | | | |
|---|---|---|---|
| 设备名称 | | 设备编号 | |
| 设备型号 | | 配发时间 | |
| 保管员 | | 监督员 | |
| 维修原因 | | | |
| 维修情况及要求 | | | |
| 部门意见：<br><br><br>（盖章）<br>年　　月　　日 | | | |
| 保密办意见：<br><br><br>（盖章）<br>年　　月　　日 | | | |
| 维修单位：<br>维修人：<br><br>（盖章）<br>年　　月　　日 | | | |

注　此表与相关维修凭证由保密办保存。

## 附录 10  涉密办公自动化设备报废登记表

单位：

| 部门名称 | | | |
|---|---|---|---|
| 设备名称 | | 设备编号 | |
| 设备型号 | | 配发时间 | |
| 保管员 | | 监督员 | |
| 报废原因 | | | |
| 部门意见：<br><br><br>(盖章)<br>年　月　日 | | | |
| 保密办意见：<br><br><br>(盖章)<br>年　月　日 | | | |
| 销毁单位：<br>销毁设备接收人：<br><br>(盖章)<br>年　月　日 | | | |

**注**  此表与相关销毁凭证由保密办保存。

# 附录 11

**涉密办公自动化设备使用登记表**

单位：

设备所在部门：

| 日期 | 部门 | 使用人 | 设备名称 | 设备编号 | 用途 | 输出信息资料名称及份数 | 保管员 |
|---|---|---|---|---|---|---|---|
|  |  |  |  |  |  |  |  |
|  |  |  |  |  |  |  |  |
|  |  |  |  |  |  |  |  |
|  |  |  |  |  |  |  |  |
|  |  |  |  |  |  |  |  |
|  |  |  |  |  |  |  |  |
|  |  |  |  |  |  |  |  |

# 附录12 涉密办公自动化设备使用情况报告

单位：

| 部门名称 | | 使用人 | |
|---|---|---|---|
| 涉密计算机 | 使用情况： | | |
| 保密技术防护专用系统 | 使用情况： | | |
| 涉密打印机 | 使用情况： | | |
| 涉密复印机 | 使用情况： | | |
| 其他涉密设备 | 使用情况： | | |
| 保管员 | | 监督员 | |
| | | 部门（盖章）<br>年　　月　　日 | |

　　注　使用情况应包含使用时间、使用地点、使用人、使用事由等重要信息。

# 附录 13 涉密移动存储介质外出携带审批表

单位:

| 部门名称 | | | |
|---|---|---|---|
| 设备名称 | | 设备编号 | |
| 设备型号 | | 携带人 (签字) | |
| 保管员 | | 监督员 | |
| 外出携带原因 | | | |
| 部门意见: <br><br><br><br><br>(盖章)<br> 年　　月　　日 | | | |
| 归还说明事项: <br><br><br><br>(携带人签字)<br> 年　　月　　日 | | | |